W0021349

Für Petra Broadway

Rita Pohle

Das kann weg!

Loslassen, aufräumen,
Freiräume schaffen

Mit Illustrationen
von Kai Pannen

Kösel

Die Autorin

Dr. phil. Rita Pohle, geboren und aufgewachsen in Stuttgart, studierte Germanistik, Politologie und Industrial Design in Berlin und promovierte dort in Philosophie. Heute lebt sie zusammen mit drei Hunden und einem Kater in Sulzfeld am Main/Unterfranken und arbeitet als Autorin und Coach.

Der Illustrator

Kai Pannen studierte Malerei und Film in Köln. Seit 1990 arbeitet er als Illustrator und Trickfilmer. Ein Schwerpunkt seiner Tätigkeit ist die Buchillustration. Für den Kösel-Verlag zeichnete er u. a. die erfolgreichen Bücher mit dem Glücksschaf Oscar: *Kopf hoch!*, *Nur Mut!* und *Viel Glück!* Kai Pannen lebt und arbeitet in Hamburg.
www.kaipannen.de

INHALT

Von allem zu viel 4

Warum sammelt sich eigentlich so viel an? 6

Und wie viel Gerümpel haben Sie? 8

Entrümpeln ist ein magischer Prozess 10

Die 3-Kisten-Methode 12

Der Familien-Entrümpeltag 14

Kampf dem Kleinkram 16

Im Kleiderschrank 18

Im Wohnzimmer 20

Eine aufgeräumte Küche 22

Im Badezimmer 23

Abstellräume 24

Freiräume schaffen im Büro 26

Digitales Entrümpeln 28

Termine ausmisten 30

Entrümpeln Sie Ihr Adressbuch 32

Und wie geht's weiter? 33

Geschenke – Fluch oder Segen? 36

Ordnung ist Ansichtssache 38

Ordnung als ständiger Prozess 40

VON ALLEM ZU VIEL

Schätzen Sie mal: wie viele Dinge besitzen Sie? Wie viele Gegenstände befinden sich in Ihrem Haushalt? Untersuchungen zeigen, dass ein durchschnittlicher deutscher Haushalt an die 20 000 bis 30 000 Dinge beinhaltet – oder mehr. Tatsache ist aber, dass wir nur einen kleinen Teil davon tagtäglich in die Hand nehmen. Der Großteil liegt herum, wird selten gebraucht oder wartet darauf, überhaupt jemals benutzt zu werden.

> »Wer sein Leben in Ordnung bringen will, muss erst einmal sein Haus aufräumen.«
> *Chinesische Weisheit*

In jedem Heim finden sich Gebrauchsgegenstände wie Werkzeuge, Geschirr, Kleidung und Bücher. Andere Dinge erfreuen uns nur, sie sind reiner Luxus: Bilder an der Wand, Blumen und Dekorationen auf den Fensterbänken. So lange diese Dinge unser Auge und unser Herz erfreuen, ist alles in Ordnung. Aber falls sie nur noch Staubfänger sind und Sie ihren Anblick satt haben, sollten Sie sich von ihnen trennen. Denn dann belasten sie Sie nur noch.

Was davon brauchen Sie wirklich?

Schauen Sie sich doch mal in Ihrer Umgebung um. Von manchen Dingen haben wir einfach zu viele. Brauchen wir wirklich vier Schränke voller Kleider, die wir nie anziehen? Wozu heben wir einen ganzen Schrank voller Tupperdosen auf? Müssen wir jede freie Fläche mit Andenken, Büchern und Topfpflanzen vollstellen? Würde ein kleiner Teil davon nicht völlig ausreichen?

Gehen Sie durch Ihre Wohnung: Was springt Ihnen sofort ins Auge, was ist Ihnen alles zu viel? Machen Sie sich schon mal mit dem

Gedanken vertraut, dass Sie sich etwa von der Hälfte Ihrer Dinge trennen können und dann immer noch mehr als genug haben.

› Freiräume für Veränderungen schaffen;
› nicht nur Räume, sondern auch Situationen zu klären;
› Klarheit zu schaffen.

Weg mit allem, was Sie belastet!

Es ist Zeit, zu bilanzieren und dann loszulassen. Bilanzieren heißt, Spreu vom Weizen zu trennen und sich von unnützen Dingen zu befreien. Bilanzieren führt zu den Fragen: Was ist wichtig in meinem Leben und worauf kann ich verzichten? Was brauche ich wirklich zum Glücklichsein? Loslassen setzt dabei ungeheure Kräfte frei, denn endlich sind Sie entlastet. Sie werden mehr Zeit und die Gewissheit haben, dass Sie die Dinge im Griff haben. Sie werden sich leicht und erleichtert fühlen. Also worauf warten Sie noch? Erleichtern Sie Ihr Haus und Ihr Leben!

Entrümpeln bedeutet
› Platz für Neues zuzulassen, indem man Altes rauswirft;

WARUM SAMMELT SICH EIGENTLICH SO VIEL AN?

Die Menschen sammeln von Natur aus. In früheren Zeiten schafften sie sich Vorräte für Notfälle an und horteten Lebensmittel, um über den Winter zu kommen.

In der heutigen, von Fülle geprägten Zeit gibt es eigentlich keine Notwendigkeit mehr, sich eine Vielzahl an Dingen auf Halde zu legen, aber wir haben trotzdem manchmal den unbewussten Drang dazu. Oft schaffen wir uns aber auch Dinge an oder behalten sie, weil wir glauben, dass wir durch sie Probleme lösen oder unser Leben verändern können. Wir leben in der Illusion, dass das Rudergerät uns zu sportlichen Menschen machen wird, der Thermomix® uns in einen vorzüglichen Koch verwandelt, das feine Geschirr aus uns gefragte Gastgeber macht.

> Ein Mehr an Dingen macht uns nicht unbedingt glücklicher.

Aber:
> Egal, wie viele Dinge Sie besitzen, sie lösen keine Probleme, sie schaffen höchstens neue.
> Zu viele Dinge brauchen unsere Aufmerksamkeit und stehlen unsere Zeit.
> Zu viele Dinge brauchen Schränke und Platz. Das alles kostet Geld.
> Die Dinge machen unser Leben nicht erfüllter, sondern höchstens unser Haus voller.

Wie gehen Sie persönlich mit den Dingen um?

Sind Sie ein *ordentlicher Sammler*, der seine Sammlung pflegt? Falls Ihnen irgendwann der Platz ausgeht, schließen Sie zumindest eine Ihrer Sammlungen.

Gehören Sie zu den *unordentlichen Sammlern*, bei denen die Briefmarken noch unsortiert in Kartons herumliegen oder deren Puppensammlung verteilt ist? Dann konzentrieren Sie sich auf ein bis zwei Themen.

Oder sind Sie eher ein *Horter*, der so gut wie nichts wegwirft, weil es »zu schade zum Wegwerfen« ist? Beenden Sie Ihr ungezieltes Horten, indem Sie sich klarmachen, dass Sie alles, was Sie jemals brauchen werden, leicht bekommen können.

Sind Sie ein *Messie*, dem das Wegwerfen körperlichen Schmerz bereitet? Dann sollten Sie sich professionelle Hilfe suchen.

Vielleicht sind Sie aber auch ein *Wegwerfer*, der sich leicht von den Dingen trennt und emotional nicht sehr an ihnen hängt.

Der Wegwerfer unterscheidet sich von den Sammlern und Hortern dadurch, dass er sich leichter entscheiden kann. Wer sich nicht entscheiden kann, kann sich schlecht von den Dingen trennen.

UND WIE VIEL GERÜMPEL HABEN SIE?

Jeder von uns hat natürlich so seine eigene Definition von Gerümpel. Was für den einen unbrauchbarer Plunder ist, ist für den anderen ein seltener Schatz.

Vielleicht könnte man sich auf eine allgemein gängige, objektive Definition von Gerümpel einigen:

- Natürlich Müll, Verpackungsmaterial und Altpapier;
- »Halb-lebige« oder defekte Dinge und Veraltetes;
- Schäbiges;
- Halbfertige Dinge, beispielsweise eine nie fertiggestellte Bastelarbeit
- und natürlich alles, was Ihnen persönlich zu viel ist.

Ihre persönliche Definition von Ballast

Denken Sie darüber nach, was für Sie persönlich Ballast ist und was Ihnen alles zu viel wird. Das kann alles sein, was Sie ein Jahr lang nicht gebraucht haben. Jeder von uns ist von mehr oder weniger Ballast umgeben, Dinge, die uns hinderlich sind. Was ist Ihnen persönlich alles zu viel? Was wären Sie wirklich gerne los? Wenn Sie sich nicht sicher sind, nehmen Sie ein Teil in die Hand und fragen Sie sich, ob Sie es wirklich mögen oder am liebsten sofort loswerden wollen. Trennen Sie sich von ungeliebten Dingen, die Ihnen das Leben schwermachen. Behalten sie nur diejenigen Dinge in Ihrem Haus und Ihrem Leben, die Ihnen gefallen und guttun!

Fragen Sie sich bei jedem Ding:
> - Tut es mir gut oder schadet es mir?
> - Macht es mir Freude oder ärgert es mich?
> - Stärkt oder schwächt es mich?

Was Ihnen wirklich etwas bedeutet

Überlegen Sie in diesem Zusammenhang doch auch mal, was Ihnen wirklich etwas bedeutet. Um herauszufinden, auf was Sie auf keinen Fall verzichten möchten, müssen Sie sich nur fragen
> - was Sie auf eine einsame Insel mitnehmen würden;
> - was Sie als Erstes retten würden, wenn es bei Ihnen zu Hause brennt.

> Inszenieren Sie Ihre Schätze doch an einem liebevoll ausgeschmückten, besonderen Ort, der für sie reserviert ist.

ENTRÜMPELN IST EIN MAGISCHER PROZESS

… der Veränderungen nach sich ziehen wird. Es kann nur dann etwas Neues in Ihr Leben, wenn zuvor etwas Altes geht. Soll sich in Ihrem Leben etwas zum Positiven hin verändern, so sollten Sie sofort mit dem Entrümpeln beginnen.

Wo und wie?

Sie können im Kleinen, mit einer Schublade oder einem Regalbrett, beginnen.
Oder Sie nehmen sich einen Tag Zeit und gehen systematisch vor:
> Von außen nach innen:
> Beginnen Sie im Flur und arbeiten Sie sich Zimmer für Zimmer durch.
> Von vorne nach hinten:
> Arbeiten Sie sich im Uhrzeigersinn durch jedes Zimmer.
> Von unten nach oben:
> Beginnen Sie in jedem Zimmer auf dem Fußboden und arbeiten Sie sich hoch auf die Schränke.

Wer oder was hindert Sie daran?

Vielleicht flüstert Ihnen eine innere Stimme zu: »Das kann man doch alles noch gebrauchen«, oder: »Was ist, wenn du es heute wegwirfst und morgen vermissen wirst?« Solche Bedenken sind völlig normal, denn wir alle haben eine innere Instanz, die sich gegen Veränderungen wendet. Veränderungen werden erst einmal als etwas Unbekanntes und vielleicht sogar Gefährliches angesehen. Sie lauern auf der Schwelle zu einem neuen Leben, daher nennt man diese inneren Einwände und Blockaden auch »Schwellenhüter«.

> Kontrollieren Sie Ihre »Schwellenhüter« und seien Sie bereit für Veränderungen. Visualisieren Sie diese Widerstände als einen großen schwarzen Hund, der sich Ihnen in den Weg stellt. Legen Sie den Hund an die Leine, stellen Sie sich vor, wie Sie ihn an einen Laternenmast binden und er Sie nicht mehr behindern kann. Wenn sich mal wieder diese innere Stimme meldet, erinnern Sie sich, dass der Hund angebunden an der Leine liegt, und befehlen Sie ihm »Still!« und »Platz!«.

DIE 3-KISTEN-METHODE

Um erfolgreich zu entrümpeln, brauchen Sie nicht mehr als **drei** Kisten, Kartons, gelbe Säcke oder Mülltüten. Besorgen Sie diese Behältnisse einen Tag zuvor.

Die Kiste Nummer 1 = Müll

In diese Kiste kommt Kaputtes, Altes, lange nicht Gebrauchtes. Der Inhalt dieser Kiste landet sofort im Müll. Natürlich sollten Sie diesen trennen und am besten am gleichen Tag noch außer Haus bringen.

Die Kiste Nummer 2 = Recycling

In diese Kiste kommt alles, was für Altkleidersack, Flohmarkt etc. gedacht ist. Darunter fallen alle Dinge, die Sie seit mindestens einem Jahr nicht mehr gebraucht haben, die jedoch zu schade zum Wegwerfen sind und die für andere noch durchaus einen Nutzen haben können. Diese Dinge lassen sich noch auf dem Flohmarkt oder bei Ebay verkaufen. In fast jeder Gemeinde gibt es außerdem soziale Projekte, die Ihre brauchbaren Dinge gerne als Spende entgegennehmen. Allerdings sollten Sie dies zügig in Angriff nehmen und nicht einfach nur die Kiste Nummer 2 zu einem neuen Lagerplatz machen.

Die Kiste Nummer 3 = Ihre ganz persönliche Schatztruhe

Jeder braucht eine »Schatztruhe« für seine ganz persönlichen Dinge, an denen das Herz hängt. Das können alte Liebesbriefe, Trophäen, Dinge aus der Kindheit ebenso wie Souvenirs sein.

Diesen persönlichen Schatz bewahren Sie an einem dafür reservierten besonderen Ort auf. Hin und wieder können Sie auch diesen entrümpeln, wenn der Inhalt im Laufe der Jahre an Bedeutung für Sie verliert.

Die drei magischen Fragen an jedes Teil:

Wenn Sie sich nicht spontan entscheiden können, ob Sie eine Sache behalten oder ob Sie sie entsorgen wollen, stellen Sie dazu die folgenden drei Fragen:

1. Brauche ich es wirklich?
2. Bereichert oder erleichtert es mein Leben?
3. Macht es mich glücklich?

All das, was Sie nicht wirklich brauchen und was Sie nicht glücklich macht, können Sie entbehren. Also: Weg damit!

Loslassen leichter machen

Der Abschied von den Dingen fällt leichter, wenn Sie sich in Gedanken bei jedem Ding bedanken.
Bedanken Sie sich
› für die guten Dienste, die Ihnen das Teil geleistet hat …
› für die Hilfe, die es Ihnen gegeben hat …
› für den Spaß, den Sie damit hatten.

Falls Sie es alleine nicht schaffen

… holen Sie sich Hilfe! Bitten Sie doch eine Freundin, Ihnen beim Entrümpeln zu helfen. Zusammen macht das gleich mehr Spaß! Ihre Freundin könnte die drei magischen Fragen stellen oder Ihnen die Tüten halten, während Sie Ihr Gerümpel entsorgen.
Stellen Sie eine Flasche Prosecco kalt – als Belohnung am Ende der Aktion. Oder als Katalysator, falls Sie Startschwierigkeiten haben.

DER FAMILIEN-ENTRÜMPELTAG

Wenn Sie sicherstellen wollen, dass sich auch der Rest Ihrer Familie beim Entrümpeln beteiligt, wählen Sie einen Familientag wie den Sonntag oder einen Feiertag, wenn alle im Haus sind. Am besten starten Sie die Aktion an einem verregneten Sonntag, sodass Sie nicht das Gefühl haben, etwas zu versäumen. Bereiten Sie schon im Vorfeld den Entrümpeltag vor: Sorgen Sie dafür, dass genügend Kartons und/oder Kisten sowie Tüten vorhanden sind. Erklären Sie Ihren Lieben kurz die 3-Kisten-Methode. Beginnen Sie selbst mit der Aktion und hoffen Sie, dass Ihre Aktivität »ansteckend« auf den Rest Ihrer Familie wirkt.

Stellen Sie eine Belohnung in Aussicht!

Wenn Sie zusammen einen Tag lang entrümpelt haben, haben Sie alle eine Belohnung verdient. Stellen Sie Ihrer Familie diese Belohnung im Vorfeld in Aussicht. Vielleicht einen Kinoabend? Oder eine besondere DVD? Oder gemeinsames Bowling? Oder abends Pizzaessen? Wenn alle ihre Kleiderschränke entrümpelt haben, kann auch ein gemeinsames Shopping (für die Kleidungsstücke, die sich während der Aktion tatsächlich als fehlend herausgestellt haben) eine mögliche Belohnung sein. Sie wissen bestimmt am besten, womit Sie Ihre Familie »motivieren« können.

Jeder entrümpelt für sich selbst

Wichtig ist, dass jeder seine eigenen Bereiche selbst entrümpelt und dass kein Druck ausgeübt wird. Werfen Sie nicht die Dinge Ihres Ehepartners weg! Er oder sie selbst muss entscheiden, ob er oder sie sich von etwas trennen will.

Machen Sie Ihren Kindern klar, dass sie so lange kein neues Spielzeug bekommen, so lange nicht wenigstens ein altes Spielzeug das Haus verlässt. Erklären Sie Ihren Kindern, dass sie ihr Spielzeug auch an Organisationen spenden können, die es an Kinder weiterleiten, die weniger als sie haben. Kinder verstehen das sehr gut.

> Vergreifen Sie sich nicht an den Dingen Ihres Partners. Jeder entrümpelt für sich selbst!

Vorbeugen: Claims abstecken

Um in Zukunft zu vermeiden, dass Ihr Partner oder Ihre Kinder sich wieder mit ihren Dingen überall im Haus ausbreiten, sollten Sie Reviere definieren und für alle verbindliche Regeln aufstellen:

Jeder räumt seine Sachen selbst auf.

- › Was auf dem Boden herumliegt, wird in Zukunft als »Müll« betrachtet und verschwindet in Mülltüten. (Packen Sie alles, was Ihre Kinder bzw. Ihr Partner herumliegen lässt, in große Tüten, die Sie im Keller lagern. Wird etwas vermisst, kann der Betroffene gerne in den Tüten suchen. Der Lernerfolg wird sich einstellen!)
- › Jeder hat sein eigenes »Revier« und breitet sich nicht in den gemeinschaftlich genutzten Räumen wie dem Wohnzimmer aus.

KAMPF DEM KLEINKRAM

In jedem Haushalt ist er mehr oder weniger sichtbar präsent: der Kleinkram, vom Hemdknopf über die Fliegenklatsche bis hin zu Souvenirs. Schubladen und Ablageflächen wie Fensterbänke oder die Oberflächen von Möbeln haben eines gemeinsam: Sie ziehen Gerümpel, vor allem in der Variante Kleinkram, scheinbar magisch an.

Schubladen – Schatzkästchen oder kleine Deponien?

Falls Sie nicht richtig wissen, womit Sie beim Entrümpeln anfangen sollen, fangen Sie am besten klein an, beispielsweise mit einer Ihrer Schubladen.
Egal, ob Besteckschublade in der Küche, Unterwäscheschubfächer im Schlafzimmer oder irgendwelche Schubladen in Kommoden und Wohnzimmerschränken, suchen Sie sich eine aus und überlegen Sie sich zuvor, was sich in dieser Schublade verbirgt. Machen Sie sich eine Liste. Schreiben Sie auf, was sich, Ihrer Erinnerung nach, alles in der Schublade befindet. Nicht schummeln! Nicht nachsehen!

> Je mehr Platz man ihm zur Verfügung stellt, desto mehr Krimskrams sammelt sich an.

Dann öffnen Sie die Schublade. Überraschung! All die Dinge, die nicht auf Ihrer Liste standen, könnten Sie eigentlich wegwerfen. Im Durchschnitt brauchen Sie die Hälfte des Inhalts sowieso nicht mehr. Also versuchen Sie, sich von der Hälfte des Inhalts zu trennen.

Definieren Sie den Inhalt Ihrer Schubladen

Schubladen dienen leider oft als Stauraum für diejenigen Dinge, die keinen eigenen Platz haben. Oft werden sie dort nur »zwischengelagert« auf dem Weg in den Müll. Wie würden Sie sie etikettieren? Falls Ihnen das schwerfällt, ist es an der Zeit, den Inhalt der einzelnen Schubladen nach Bereichen zu sortieren. Nähzeug in die eine, Schreibzeug in die andere. Geschenkpapier und Bänder in die eine, Werkzeuge in die andere. Und dann können Sie immer noch eine, aber bitte nur eine, Schublade für »Krimskrams« frei machen. Stellen Sie aber sicher, dass dort nichts gelagert wird, was defekt ist oder nie wieder zum Einsatz kommen wird.

Ablageflächen

Man neigt dazu, alle horizontalen Flächen in der Wohnung, einschließlich der Fensterbänke, zuzustellen. Wenn Sie dann zum

Beispiel das Fenster öffnen wollen, müssen Sie zuerst einmal die Blumentöpfe und Dekorationen wegräumen. Auch hier zeigt sich, dass ein Zuviel an Dingen mehr Arbeit macht! Versuchen Sie doch mal, mindestens jede zweite Fensterbank vollkommen leer zu räumen und auch in Zukunft nichts mehr daraufzustellen. Das gilt auch für Topfpflanzen. Im Feng-Shui nennt man das einen *Min Tang*, eine Tabufläche, deren Anblick uns stets daran erinnern soll, dass wir nicht alle Flächen im Haus zumüllen. So ein *Min Tang* hat noch eine weitere magische Wirkung: Diese leere Fläche zieht Fülle an. Dazu kann nicht nur die Fensterbank dienen, sondern auch andere horizontale Abstellflächen oder zum Beispiel Ihr Schreibtisch. Denn eine gewisse Leere gewährt auch geistige Freiräume.

IM KLEIDERSCHRANK

Die meisten Kleiderschränke sind zu klein und platzen aus allen Nähten. Erfahrungsgemäß kann man aber auf einen Großteil der aus ihnen quellenden Kleidung verzichten, da man meist sowieso immer nur seine zehn Lieblingsstücke trägt. Manch einer hat Klamotten im Schrank, die er nur einmal oder auch überhaupt noch nie getragen hat.

Im Kleiderschrank nach der 3-Kisten-Methode zu entrümpeln bedeutet, die wirklich defekten, zerfetzten und schäbigen Kleidungsstücke wegzuwerfen (Kiste 1).

Alle Klamotten, die Sie seit einem Jahr nicht mehr getragen haben, die aus der Mode gekommen oder Ihnen zu klein/zu groß geworden sind, landen in der Altkleidersammlung oder sind ein Fall für den Flohmarkt oder Kleiderkreise (Kiste 2). Oder verschenken Sie doch Ihre nicht getragenen oder noch guten Kleidungsstücke und Schuhe, die Ihnen nicht mehr passen oder die Sie selbst nicht mehr tragen, an Ihre Freundinnen. Verbinden Sie das mit einer Einladung zu einer kleinen Party. Legen Sie die Stücke auf Ihrem Bett aus und fordern Sie Ihre Freundinnen auf, sich die Teile zu nehmen, die diese gerne haben wollen.

> Auch hier gilt: All das, was Sie ein Jahr lang nicht getragen haben, brauchen Sie nicht. Das kann weg!

Schätze, wie beispielsweise das Hochzeitskleid, an dem Sie möglicherweise sehr hängen, können natürlich im Kleiderschrank oder in Ihrer Schatztruhe bleiben.

Nach dem Entrümpeln bleiben im Schrank ansonsten nur noch diejenigen Klamotten zurück, die Ihnen momentan passen, die Sie auch wirklich tragen und die Sie mögen.

Das gilt auch für Ihre Schuhe. Haben Sie überhaupt eine Ahnung, wie viele Schuhe Sie besitzen? Und welche Paare tragen Sie wirklich?

Vermeiden Sie Frust- oder Fehlkäufe

Tragen Sie Ihre Kleidung mit Freude und schonen Sie Ihre Lieblingsstücke nicht! Kaufen Sie nur noch Kleidung, die nicht nur gut aussieht, sondern sich auch gut anfühlt. Das Gefühl auf der Haut spielt eine große Rolle für Ihr Wohlbefinden. Vermeiden Sie Frustkäufe, Ihr Schrank wird es Ihnen danken! Überlegen Sie sich vor einem »Trostkauf«, womit Sie sich sonst noch trösten könnten. Vielleicht reicht schon eine Tasse Cappuccino oder ein Wellnesstag, um Ihre Laune zu heben. Oder die Aussicht, jeden Tag einen wohlsortierten, übersichtlichen Kleiderschrank zu öffnen, gibt Ihnen wieder Auftrieb.

Kaufen Sie sich Kleidung und Schuhe, wenn es Ihnen gut geht. Ihre Wahl wird anders ausfallen. Kaufen Sie beides niemals zu klein! Besonders Schuhe müssen bereits im Schuhgeschäft hundertprozentig passen und bequem sein.

IM WOHNZIMMER

Das Wohnzimmer ist ein Ort, an dem sich alle Familienmitglieder wohl fühlen sollten. Darum sprechen Sie darüber, was Sie persönlich stört. Ist es das Bild an der Wand, ein Geschenk von Tante Else? Entfernen Sie alles, was Ihnen nicht (mehr) gefällt, was Sie stört. Reparieren Sie, was kaputt ist. Entlarven Sie schäbige Details, vielleicht ist es der Polsterstoff des Sessels? Lassen Sie ihn neu polstern! Suchen Sie nach Provisorien. Hängt schon seit Jahren eine nackte Glühbirne von der Decke? Machen Sie sich die Arbeit und suchen Sie eine passende Leuchte aus.

In Familien mit kleinen Kindern werden aus Wohnzimmern schnell zweite Kinderzimmer. Spielzeug liegt herum, Kinderbücher beherrschen die Regale, man stolpert über Legosteine. Falls Sie tagsüber Ihr Wohnzimmer zum Spielzimmer machen, ist das kein Problem. Aber abends sollten die Spielsachen weggeräumt sein. Denken Sie daran, dieses Zimmer dient Ihrer Erholung!

Was für die Kinder gilt, gilt auch für die Erwachsenen: Ein Wohnzimmer ist auch keine Werkstatt und kein Altpapierlager. Entsorgen Sie alle Zeitungen, die älter als eine Woche sind. Räumen Sie Ihren Bastelkram auf.

Was befindet sich alles in Ihrem Wohnzimmerschrank? Das gute Geschirr, das gute Besteck? Wie oft benutzen Sie das eigentlich? Ist es nicht zu schade, es zu schonen? Beziehen Sie doch Ihre guten Sachen mit in Ihren normalen Alltag ein. Gönnen Sie es sich ab und zu, aus Ihrem normalen Essen ein festliches Diner zu machen.

> Wohnzimmer sind Orte der Erholung und der Kommunikation.

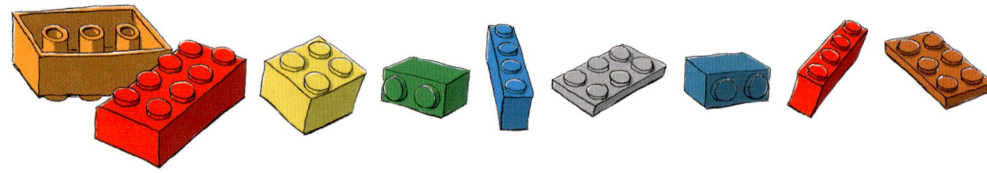

Wohin mit den Büchern?

Für den einen sind wandhohe Bücherregale ein Statussymbol, ein Zeichen für Bildung. Für den anderen eine praktische Notwendigkeit. Auch für mich zählen Bücher zu den »Grundnahrungsmitteln«. Dennoch sollte auch hier ab und zu ausgemistet werden. Es gibt bestimmt Bücher, an denen Ihr Herz hängt. Aber auch solche, die Sie kein zweites Mal lesen werden, solche, die Sie vor Jahren gekauft haben, um sie irgendwann zu lesen, und die immer noch vorwurfsvoll aus dem Regal starren, oder solche zu Themenbereichen, für die Sie sich inzwischen nicht mehr interessieren. Legen Sie ein Regalbrett mit denjenigen Büchern an, die Sie gerne verschenken würden. Fordern Sie Ihre Gäste auf, sich gerne an diesem »Zu-verschenken-Regal« zu bedienen. Oder informieren Sie sich, ob Sie Ihre Bücher nicht bei Plattformen wie amazon oder Momox gewinnbringend loswerden können. Es gibt sie ja bereits, die platzsparende Bibliothek, das E-Book. Hunderte von Büchern auf kleinstem Raum versammelt – ein Traum! Viele beklagen das fehlende haptische Erlebnis, dass »Papier in der Hand« nicht zu ersetzen sei. Aber wie vieles ist auch dieses neue Medium nur eine Sache der Gewöhnung.

EINE AUFGERÄUMTE KÜCHE

Eine Küche sieht meist vordergründig aufgeräumt aus, da sich die Dinge hinter Schranktüren verstecken. Aber dieser erste Eindruck kann täuschen! Darum gehen Sie auch in der Küche von oben nach unten vor:
Befindet sich irgendetwas auf Ihren Oberschränken? Entfernen Sie diese Teile und reinigen Sie die Flächen. Diese Flächen sind in Zukunft als Stellflächen tabu.
Wenden Sie sich nun Ihren Ecken zu. Die Ecke hinter der Tür ist ein beliebter Ort, um Verpackungsmaterial und Tüten zu horten. Räumen Sie die Ecken ganz leer, was dort zu finden war, muss in Zukunft in den Schränken Platz finden oder entsorgt werden.
Wie viele Plastiktüten brauchen Sie im Alltag? Keine 97! Zehn reichen auch, also werfen Sie den Rest weg. Das gleiche gilt für Tupperdosen oder leere Eierkartons. Hier reichen wenige Packungen, um auf dem Markt lose Eier einkaufen zu können. Mehr als fünf sind ein Fall für den Müll!

Auch in der Küche funktioniert die 3-Kisten-Methode

Auch hier gehen Sie Schublade für Schublade, Schranktür für Schranktür nach der 3-Kisten-Methode vor. Die kaputten Messer und henkellosen Kaffeebecher sind ein Fall für den Müll. Die einzelnen, nicht mehr zusammenpassenden Besteck- oder Geschirrteile kommen in die Kiste 2. Gönnen Sie sich auch im Alltag schönes Geschirr! Stellen Sie sicher, dass Ihr Küchenwerkzeug funktioniert. Schärfen Sie Ihre Messer, leisten Sie sich gute Töpfe. Entsorgen Sie alles, was Sie nervt und womit Sie Probleme beim Gebrauch haben. Überdenken Sie Ihren Maschinenpark. Wann haben Sie die kompliziert aufzubauende Küchenmaschine zuletzt gebraucht?

IM BADEZIMMER

Lebensmittel

Checken Sie Ihre Lebensmittel im Kühlschrank und in den Schränken auf ihr Verfallsdatum. Welche Lebensmittel befinden sich seit langem in Ihrem Schrank, ohne dass Sie sie gebraucht haben? Welche Konserven stehen seit Jahren herum? Entsorgen Sie Altlasten und streichen Sie die entsprechenden Produkte zukünftig von Ihrer Einkaufsliste. Stellen Sie sicher, dass Sie nur solche Vorräte anlegen, die Sie im Alltag auch wirklich aufbrauchen.

Entsorgen Sie im Badezimmer zunächst die alten verstaubten Deko-Artikel. Schnickschnack steigert nur Ihren Reinigungsaufwand! Also raus mit den Fremdkörpern! Verbannen Sie alle auf horizontalen Flächen herumstehende überzähligen Shampoos und Duschcremes in den Badezimmerschrank oder werfen Sie sie gleich weg. Im Badezimmerschrank sortieren Sie Düfte oder Kosmetika aller Art aus, die ungebraucht seit Jahren herumstehen.

ABSTELLRÄUME

Abstellräume jeglicher Art und solche, die wir dazu machen können, verführen dazu, dort alles zu lagern, was man nicht mehr braucht und eigentlich wegwerfen könnte, das man aber dann doch einfach deponiert und zu vergessen sucht. Am besten nähert man sich solchen Räumen (wenn man sie noch betreten kann) mit der Vorstellung, man hätte sie in Zukunft nicht mehr zur Verfügung.

Keller, Speicher und Kammern

Dinge der Kategorie »Das kann irgendwer irgendwann nochmal gebrauchen« stehen hier jahrelang herum, ohne dass dieser Fall eintritt. Beim Entrümpeln kommen in den seltensten Fällen Schätze zu Tage. Bevor Sie also etwas an diese Orte stellen, überlegen Sie, ob sie dieses Teil nicht gleich zur Deponie fahren könnten. Verpackungsmaterial von Geräten, deren Garantie noch nicht abgelaufen ist, kann hier durchaus temporär gelagert werden. Man sollte das aber hin und wieder prüfen und die abgelaufenen Verpackungen wegwerfen. Schuhe und Klamotten, die im Kleiderschrank keinen Platz mehr haben, sollten gleich entsorgt werden.

Verabschieden Sie sich von diesen Dingen aus Ihrem früheren Leben, wie jahrelang unbenutzten Sportgeräten! Alles, was Ihnen persönlich nicht gehört, kann weg. Fordern Sie die Besitzer auf, ihre Schätze innerhalb eines Monats bei Ihnen abzuholen, da diese ansonsten von Ihnen entsorgt würden. Hüten Sie sich davor, das Gerümpel Ihrer bereits ausgezogenen Kinder oder von Freunden bei sich unterzustellen. Sie werden es nie mehr los!

In der Garage wohnt das Auto, nicht Sie

Falls Sie Teile Ihrer Garage als Abstellraum zum Beispiel für Ihre (funktionierenden) Fahrräder benutzen, besteht meist noch kein Handlungszwang, so lange Ihr Auto dort immer noch bequem Platz findet. Es ist durchaus sinnvoll, die Winterreifen in der Garage zu lagern wie auch alles andere, das zum Auto dazugehört. Aber das ganze andere Zeugs, das ansonsten auch im Keller und auf dem Speicher herumsteht und niemals wieder gebraucht wird, fliegt raus! Altes Spielzeug hat hier genauso wenig zu suchen wie ausrangierte Elektrogeräte.

Ein Balkon dient der Erholung

Spätestens im Frühjahr ist es Zeit, den Balkon zu entrümpeln. Stellen Sie sich vor, Ihren Balkon als ein zusätzliches Zimmer im Grünen zu gestalten, und entsorgen Sie alles, was nicht in dieses Zimmer gehört. Ein Balkon ist kein Abstellplatz für das Gerümpel, das Sie in Ihrer Wohnung stört. Ein kleiner Tisch mit zwei Stühlen, Blumentöpfe für mehr Grün, mehr gehört nicht auf den Balkon. Der Wäscheständer darf natürlich bleiben, falls Sie auf dem Balkon auch Ihre Wäsche trocknen müssen.

Entdecken Sie Gerümpel im Garten

Irgendwo gibt es in jedem Garten »Dreckecken«, in denen sich alte Blumentöpfe, kaputtes Werkzeug und abgesägte Bretter stapeln. Vielleicht auch noch übrig gebliebene Pflastersteine oder Ähnliches … Sortieren Sie diese Dinge nach deren Brauchbarkeit. Verkaufen oder verschenken Sie das noch Brauchbare und fahren Sie das Übrige auf die Deponie. Auch der Gartenschuppen ist nur für funktionierendes Werkzeug da!

FREIRÄUME SCHAFFEN IM BÜRO

Entfernen Sie alles aus Ihrem Büro, was dort nicht unmittelbar zu Ihrer Arbeit gehört. Gehen Sie dabei in Ihrem Arbeitszimmer von der Tür aus im Uhrzeigersinn herum und von unten nach oben vor.

Was steht zwischen der Tür und dem Schrank? Ein Karton mit diversem Kleinkram und Verpackungsmaterial? Verstauen Sie die Dinge in Ihren Schränken und werfen Sie weg, was Sie durch neue Geräte ersetzt haben und folglich nicht mehr brauchen. Ihre alte Schreibmaschine werden Sie sicher ebenso wenig reaktivieren wie einen ausrangierten Drucker. Diese Dinge können entsorgt werden.

Das Ziel sollte sein, dass auf dem Fußboden Ihres Büros nur noch die Möbel und Ihr Papierkorb stehen. Auf den Schränken sollte sich ebenfalls nichts befinden. Gehen Sie das Innere Ihrer Schubladen und Schränke durch. Sortieren Sie die Stifte und werfen Sie die nicht mehr schreibenden weg. Alte Akten gehören ins Archiv und nicht ins Büro.

Der Mythos vom kreativen Chaos

Ein voller Schreibtisch dient vielen immer noch als Scheinalibi für einen besonders kreativen Geist. Aber ich versichere Ihnen, ein leerer Schreibtisch wird sowohl Ihrer Motivation als auch Ihrer Kreativität Auftrieb verleihen und der Zustand wird Ihnen gefallen.

Packen Sie alles, was sich auf Ihrem Schreibtisch befindet, auf den Fußboden. Bringen Sie den Computer in Sicherheit und leeren Sie den Tisch komplett. Nehmen Sie dann ein feuchtes Tuch und säubern Sie die Tischplatte. Setzen Sie sich an Ihren leeren Schreibtisch und stellen Sie sich vor, Sie hätten alles erledigt, was es auf diesem Tisch zu erledigen gab. Genießen Sie die Aussicht und atmen Sie durch. Wie fühlen Sie sich?

Nun räumen Sie alles Papier vom Fußboden Blatt für Blatt wieder zurück auf Ihren Schreibtisch. Machen Sie dabei vier Stapel, nehmen

Sie jedes Stück Papier in die Hand und legen Sie es auf einen der vier Stapel:

> Stapel Nummer 1: Sofort erledigen
> Stapel Nummer 2: Delegieren
> Stapel Nummer 3: Ablage
> Stapel Nummer 4 befindet sich unter dem Tisch: Der Papierkorb

Damit, den Stapel 1 sofort zu erledigen, ist gemeint, dass Sie die Rechnungen gleich nach Erhalt bezahlen und Sie Ihre Anfragen oder Briefe sofort in ein bis zwei Sätzen beantworten. Stecken Sie diese Antworten auch gleich in einen Umschlag und frankieren Sie diesen. Falls Sie alleine arbeiten und niemanden haben, dem Sie etwas delegieren können, entfällt für Sie der Stapel 2. Sie haben dann einen relativ leeren Schreibtisch mit zwei bis drei Stapeln.

Kommt dann neue Post ins Haus, verfahren Sie mit ihr genauso.

DIGITALES ENTRÜMPELN

Wie sieht es mit dem Platz auf Ihrer Festplatte oder auf Ihrem Laptop aus? Scheinbar ist der virtuelle Raum unendlich, aber eben nur scheinbar. Entrümpeln Sie daher Ihren Computer ebenso wie den Rest des Hauses. Gehen Sie Datei für Datei durch und löschen Sie diejenigen, die nicht mehr aktuell sind. Legen Sie Ordner an, beschriften Sie diese und sortieren Sie die Dateien entsprechend. Kopieren Sie diejenigen Dateien, die Sie noch länger aufbewahren wollen, die Sie aber nicht tagtäglich brauchen, auf eine externe Festplatte oder einen USB-Stick. Versäumen Sie es auch nicht, regelmäßige Sicherheitskopien Ihrer wirklich wichtigen Dateien zu machen. Löschen Sie regelmäßig alte E-Mails und legen Sie diejenigen, die noch gebraucht werden, in den jeweiligen Ordner ab. Löschen Sie auch regelmäßig Spam und stellen Sie sicher, dass nicht aus Versehen etwas Wichtiges im Spamordner gelandet ist.

Fotos

Der PC hat schon lange das Fotoalbum abgelöst. Der Unterschied ist nur, dass ein PC mehr Platz bietet als ein Album. Gerade deshalb ist es Zeit, auch hier zu entrümpeln. Sehen Sie sich Foto für Foto an und löschen Sie alle Fotos, die Sie doppelt haben, die verwackelt sind oder qualitativ ungenügend. Behalten Sie nur wirklich gute Aufnahmen. Im Durchschnitt können Sie sich von 90 Prozent Ihrer Aufnahmen trennen. Legen Sie die Fotos in entsprechenden Ordnern ab, die Sie auch mit einer Jahreszahl versehen sollten. Sortieren Sie anschließend Ihre wertvollen digitalen Fotos, indem Sie sie in Alben ablegen. Sie können diese auch online ausdrucken lassen. Diese Ausdrucke lassen sich schön verschenken und Sie haben selbst etwas »in der Hand«.

Social Media

Sie klagen über zu wenig Zeit? Wie viel Zeit verbringen Sie täglich auf Facebook oder im Internet? Facebook ist aber ein schlechter Ersatz für wirkliche Freunde. Führen Sie spaßeshalber doch mal Buch darüber. Versuchen Sie diese Zeiten zu halbieren und sie für persönliche menschliche Kontakte zu nutzen.

TERMINE AUSMISTEN

Durchforsten Sie Ihren Kalender nach Terminen, auf die Sie locker verzichten könnten. Müssen Sie wirklich zu dieser Ausstellungseröffnung, zu diesem gesellschaftlichen Ereignis? Oder würden Sie Ihre Zeit lieber mit Ihrer Familie verbringen?

Beginnen Sie sofort Ihre Termine zu hinterfragen! Streichen Sie in der kommenden Woche mindestens einen davon.

Lassen Sie sich nicht unter »sozialen« Druck setzen. Nur weil bestimmte Locations und Events momentan angesagt sind, heißt das noch lange nicht, dass Sie unbedingt mitziehen müssen. Fragen Sie sich bei jedem Termin: Muss ich da wirklich hin? Ist er beruflich relevant oder nur scheinbar nützlich? Vertrödele ich dort nur meine kostbare Zeit? Denken Sie daran: Zeit ist ein kostbares Gut. Zeit ist nicht konservierbar, vertane Zeit ist unwiederbringlich verloren! Vergeuden Sie Ihre Zeit nicht mit Menschen, die Sie nicht mögen. Nehmen Sie nicht jeden Termin an, nur weil Sie noch offene »Zeitfenster« in Ihrem Kalender haben. Setzen Sie sich nicht selbst unter Druck, sondern erlauben Sie sich diese Zeitfenster. Ihre Freizeit muss nicht genauso organisiert sein wie Ihre Arbeitszeit. Gönnen Sie sich ein Wochenende ohne Termine und Verabredungen. Entscheiden Sie sich spontan! Gönnen Sie sich auch mal einen Abend auf Ihrem Sofa oder einen Sonntag im Bett. Nichtstun ist ein Luxus, der Ihrer Gesundheit zu Gute kommt.

Lassen Sie niemanden über Ihre Zeit bestimmen! Lernen Sie Nein zu sagen und üben Sie täglich!

Reduzieren Sie Ihren Aufwand!

Welch einen Aufwand man alleine betreiben muss, um morgens gut gestylt ins Büro zu gehen! Man braucht geschmackvolle, gewaschene und gebügelte Kleidung, ein perfektes Make-up und einen gut sitzenden Haarschnitt. Was für Umstände betreiben wir, wenn wir Gäste empfangen! Wir planen ein Drei-Gänge-Menü mit möglichst exotischen Zutaten. Früher genügte es, sich mit Freunden, einer Flasche Wein und Knabbergebäck gemütlich zusammenzusetzen. Warum laden wir nicht mal wieder einfach jemand nur auf ein Glas Wein ein, warum schrauben wir unsere Ansprüche nicht herunter und reduzieren den Aufwand? Schon alleine um eine Tasse Kaffee zuzubereiten, braucht man heutzutage eine sündhaft teure Espressomaschine. Warum nicht auf die gute alte Espressokanne aus Aluminium zurückgreifen, wenn man keinen Filterkaffee mag?

ENTRÜMPELN SIE IHR ADRESSBUCH

Alle Dinge und alle Personen, mit denen wir uns umgeben, haben Einfluss auf unser Wohlbefinden und somit auch auf unsere Gesundheit. Gehen Sie doch mal Ihr Leben und Ihr Adressbuch durch. Welche Menschen ärgern Sie oder rauben Ihnen die Nerven? Entlassen Sie diese Menschen aus Ihrem Leben und streichen Sie sie aus Ihrem Adressbuch.
Lassen Sie diejenigen Menschen los, die sich immer nur dann bei Ihnen melden, wenn sie Ihre Hilfe brauchen. Denken Sie daran: Das Leben ist zu kurz, um es mit Energieräubern und Vampiren zu verbringen.
Pflegen Sie dafür Ihre Freunde und kümmern Sie sich um ihre Familie. Verwandtschaft und Familie kann man sich nicht aussuchen, die muss man nehmen, wie sie sind. Versuchen Sie daher gar nicht erst, an Ihrer Schwiegermutter herumzuschrauben, sie ist und bleibt meist eine »schwierige Mutter«. Nehmen Sie sie als ein »besonderes Geschenk« hin.

Bei Freunden und Bekannten jedoch muss die Bilanz stimmen. Klar hilft man gern auch mal und steht seinen Freunden in schlechten Zeiten bei. Aber Hilfe darf nicht nur in eine Richtung fließen, irgendetwas muss zurückkommen, sodass auch Sie von dieser Beziehung in irgendeiner Weise profitieren.
Seien Sie deshalb bei der Wahl Ihrer Freunde und Bekannten ruhig ein wenig anspruchsvoll und lassen Sie diejenigen los, die Ihre Freundschaft nicht wert sind.

> Das Leben ist zu wertvoll und zu kurz, um es mit Idioten zu verbringen.

UND WIE GEHT'S WEITER?

Das Loslassen ist keine einmalige Aktion, sondern ein ständiger Prozess.
Wenn Sie sich in Zukunft Freiräume schaffen und erhalten wollen, sind gewisse Strategien notwendig. Ansonsten ist alles ratzfatz wieder zugemüllt!
Daher ist die erste Regel für die Zukunft: Kommt etwas Neues ins Haus, geht dafür etwas Altes raus!

Neue Einkaufsstrategien

Überdenken Sie Neuanschaffungen! Jedes neue Gerät nimmt Platz weg und kostet Geld. Trinken Sie wirklich soviel Kaffee, dass Sie sich den Luxus einer Espressomaschine für knapp tausend Euro leisten wollen? Benutzen Sie einen Thermomix® wirklich so oft, dass sich die Anschaffungskosten lohnen?

Die drei magischen Fragen vor jedem Kauf
› Brauche ich dich wirklich?
› Erleichterst du mir mein Leben?
› Machst du mich glücklich?

Sie können auch fragen:
› Ist das Produkt langlebig?
› Ist es schön, gefällt es mir?
› Bringt es mir mehr Spaß und mehr Lebensqualität oder eher mehr Ärger?

Fragen Sie sich vor jedem Kauf, ob es nicht eine Alternative gibt.

Müssen Sie unbedingt einen Rasenmäher besitzen oder gibt es andere Möglichkeiten? Beispielsweise könnten Sie sich diese Maschine auch mit Ihrem Nachbarn teilen. Oder Sie können sie sich bei Bedarf ausleihen. Es gäbe auch noch die Möglichkeit, die Arbeit des Rasenmähens einem Gärtner zu überlassen, der seine eigenen Geräte mitbringt. Also hinterfragen Sie große Anschaffungen! Denn oft ziehen diese Folgekäufe mit sich. Wohin mit dem Rasenmäher? In einen Schuppen. Der aber auch erst noch gekauft und aufgebaut werden muss …

Fragen Sie sich auch vor jedem Kauf: Erleichtert es mein Leben?

Es macht keinen Sinn, sich Dinge zu kaufen, die in der Handhabung kompliziert sind. Die Dinge haben die Funktion, uns das Leben zu erleichtern und nicht zu verkomplizieren, uns Zeit zu ersparen und nicht Zeit zu rauben. Wie zum Beispiel Küchenmaschinen, für die man mehr Zeit braucht, sie aufzubauen, in Gang zu bringen und danach sauber zu machen, als wenn man den Kuchenteig von Hand gerührt hätte. Was Sie kaufen, muss Sie überzeugen und Ihnen gefallen. Wenn Sie Zweifel daran haben, sollten Sie davon Abstand nehmen. Nichts ist schlimmer, als wenn man viel Geld für etwas ausgegeben hat, das einem dann nicht gefällt. Was einem nicht gefällt, wird nicht in gleicher Weise gepflegt wie diejenigen Dinge, an denen das Herz hängt. Und nur wenn die Dinge gehegt und gepflegt werden, sind sie auch langlebig. Nicht nur bei Kleidung ist es meiner Meinung nach wichtig, den »Glücksfaktor« zu berücksichtigen, sondern auch bei alltäglichen Gebrauchsgegenständen.

Was braucht der Mensch wirklich?

Achten Sie in Zukunft darauf, dass Sie sich nur noch mit Dingen, die Ihnen guttun, umgeben. Lassen Sie all das los, was Sie nervt und was Sie nicht mögen.

Umgeben Sie sich mit Menschen, die Sie stärken und unterstützen. Umgeben Sie sich mit Dingen, die Ihr Herz erfreuen.
Nur diejenigen Dinge, zu denen wir eine emotionale Beziehung aufbauen können, die wir ins Herz geschlossen haben, sind wirklich langlebig!

GESCHENKE – FLUCH ODER SEGEN?

Gibt es in Ihrer unmittelbaren Umgebung Dinge, die Sie geschenkt bekommen haben und die Ihnen nicht (mehr) gefallen? Das Gläserset aus echtem Kristall, ein Geschenk von Tante Else zur Hochzeit, will einfach nicht mehr zu Ihrem jetzigen Geschmack und Ihrer eher modernen und geradlinigen Einrichtung passen. Sie behalten es nur, um dem Schenker einen Gefallen zu tun bzw. ihn nicht vor den Kopf zu stoßen? Schenken Sie es doch einfach weiter! An jemanden, dem es gefällt, zu dem es passt. Sollte Tante Else die Gläser tatsächlich vermissen und danach fragen, dann genügt die Antwort: »Die haben ein besseres Zuhause gefunden«.

Zu schenken bedeutet auch loszulassen. Man lässt als Schenker das Geschenk in dem Moment los, in dem man es aus der Hand gegeben hat. Und der Beschenkte darf mit dem Geschenk, das jetzt ja ihm gehört, machen, was er will. Er darf das Geschenk sogar weiterverschenken.

Entrümpeln Sie auch Geschenke! Sie gehören ganz Ihnen!

Werden Sie sich über Ihre Wünsche klar.

Ungeliebte Geschenke sind, wenn sie noch brauchbar sind, ein Fall für die Kiste 2. Vielleicht finden sie ja auf dem Flohmarkt noch einen Liebhaber.

Alternative:
Ich wünsch mir was

Es gibt nur eine Möglichkeit, sich vor ungeliebten Geschenken zu schützen: Wünschen Sie sich etwas. Es ist vollkommen legitim, seine Wünsche zu artikulieren.
Bereits wenn Sie Ihre Freunde zu Ihrem Geburtstag einladen, formulieren Sie Ihre Wünsche: »Bitte bringt mir keine Blumen mit. Ich freu mich eher über eine Flasche Wein.«
Denken Sie daran, dass Geschenke, die sich aufessen lassen, keinen Platz in Ihrem Heim einnehmen.
Führen Sie doch das Jahr über eine Liste mit Dingen, die Sie sich gerne kaufen würden, sich aber momentan nicht leisten können. Das können Kleinigkeiten wie bestimmte Bücher und CDs, Parfüms und Luxusgegenstände sein. Oder Sie wünschen sich Gutscheine für Ihr Lieblingsrestaurant oder für Wellnessanwendungen.

ORDNUNG IST ANSICHTSSACHE

Was als Ordnung angesehen wird, ist sehr individuell. Das menschliche Auge nimmt aber bestimmte Muster wahr, die von fast allen Menschen als Ordnung interpretiert werden. Vertikale Linien schaffen zum Beispiel diesen Eindruck, wie gerade Buchrücken, die ein Bücherregal gleich viel ordentlicher wirken lassen als eins mit Büchern, die kreuz und quer stehen. Es ist ein Leichtes, die Bücherrücken in Ihrem Regal aufrecht zu stellen oder die Bilder an der Wand geradezurücken.

Wenn man einen Raum betritt, fällt der erste Blick auf den Fußboden. Davon hängt der erste Eindruck, ob ein Raum ordentlich oder unaufgeräumt ist, ab. Ein gut gesaugter Teppich, ein leerer Fußboden kann über sonstige Unordnung im Raum hinwegtäuschen. Stellen Sie daher sicher, dass auf Ihrem Fußboden nichts herumliegt und dort nur die Möbel stehen.

Der zweite Blick fällt auf die diagonal der Tür gegenüberliegenden Ecke. Dort sollte etwas stehen oder an der Wand etwas hängen, das das Auge erfreut. Also schauen Sie sich in jedem Raum Ihre diagonale Ecke genauer an und gestalten Sie diese entsprechend.

Wenn im Wohnzimmer die Möbel im rechten Winkel zu einer Wand stehen, werden diese als ordentlicher wahrgenommen als Möbel, die kreuz und quer herumstehen. Auch über Eck stehende Möbel werden eher als unordentlich wahrgenommen. Überprüfen Sie doch mal Ihre Einrichtung!

> Ordnung liegt im Auge des Betrachters.

Auf einem Schreibtisch wirken Stifte und Papiere, die parallel zu einer Schreibtischkante angeordnet sind, aufgeräumt. Wie auch generell Dinge, die zueinander im rechten Winkel stehen. Wenn Sie die Zeitschriften, Bücher, Fernbedienung etc. auf Ihrem Couchtisch rechtwinklig ausrichten, wirkt er gleich viel ordentlicher, als wenn alles durcheinander herumliegt.

Eine leere Fläche, wie generell Leere, wird auch mit Ordnung assoziiert. Die Spannung aus Leere und Fülle wirkt aufgeräumt. Ein leerer Esstisch beispielsweise, auf dem nur ein dekorativer Blumenstrauß steht, kann leicht vom restlichen Chaos des Raumes ablenken.

Ordnungstricks

Wenn Sie nicht der leidenschaftliche Aufräumer sind, benutzen Sie kleine »Tricks«, um es in Ihrer Wohnung ordentlich wirken zu lassen.

- Egal, wie es gerade bei Ihnen zu Hause aussieht: Entschuldigen Sie sich niemals für Ihre Unordnung! Die meisten Besucher nehmen sie gar nicht wahr.
- Lenken Sie durch einzelne freie Flächen und einen Blickfang, wie beispielsweise einem bunten Blumenstrauß auf einem fast leeren Tisch, von eventuellem Chaos ab.
- Lassen Sie, außer den Möbeln, nichts auf dem Boden herumstehen.
- Stellen Sie auch nichts oben auf die Schränke.
- Verzichten Sie möglichst auf Deko-Artikel und anderen Schnickschnack. Das erzeugt Unruhe.
- Sogenannte »Biotope«, also Dreckecken, in denen sich alles Mögliche sammelt, sollten Sie unbedingt vermeiden.
- Stellen Sie die Möbel, legen Sie Zeitschriften etc. im rechten Winkel zueinander.
- Lenken Sie von Ihrer Fülle ab, indem Sie bewusst durch leere Flächen für Ausgleich sorgen.

ORDNUNG ALS STÄNDIGER PROZESS

Sehr viel einfacher als das wöchentliche große Aufräumen ist es, täglich für Ordnung zu sorgen.

Wenn Sie in einem mehrstöckigen Haus wohnen, sollten Sie beim Hoch- oder Runtergehen daran denken, immer etwas mitzunehmen. Sie ersparen sich damit unnötige Wege. Zeitsparend ist es außerdem, die Dinge nur einmal in die Hand zu nehmen! Bevor man die Teller auf die Arbeitsfläche stellt, kann man sie auch gleich in die Geschirrspülmaschine einräumen.

> Denken Sie daran: Entrümpeln kann Ihr Leben verändern!

Ebenso lässt sich Unerledigtes sofort erledigen. Eine Rechnung kommt ins Haus? Bevor Sie diese auf den Schreibtisch legen, können Sie sich auch noch die zwei Minuten Zeit nehmen, um eine Überweisung auszufüllen.

Dazu gehört in einer Partnerschaft oder Familie, dass jeder seine eigenen Dinge sofort aufräumt. Wer etwas fallen lässt, hebt es auf! Mütter sollten keineswegs die schlechten Gewohnheiten Ihrer Kinder unterstützen, in dem sie ihnen ständig »hinterherräumen«. Belohnungen wirken dabei Wunder!

Entrümpeln Tag für Tag

Das Entrümpeln ist ein täglicher Prozess und bedarf der Gewöhnung. Versäumen Sie nicht, sich jeden Tag von Ihrem »Müll«, Ihrem Altpapier und anderem Ballast sofort zu trennen. Wenn Sie mit einem neuen Einkauf nach Hause kommen, sollten Sie sich dafür sofort von einem alten Stück trennen. So bleibt die Balance im Haus erhalten! Der Preis für eine neue Zeitschrift ist der, dass eine alte dafür sofort entsorgt wird!

Als Erinnerung, dass nur dann etwas Neues ins Haus kommen kann, wenn dafür etwas Altes geht, dient der bereits erwähnte *Min Tang*, also eine Tabufläche. Das kann ein leeres Regalbrett sein oder auch mal eine Wand, an der keine Bilder hängen. Ein *Min Tang* bringt Ruhe in den Raum und sollte sich daher in jedem Zimmer befinden.

Sie werden sehen, dass Sie sich mit all dem nicht nur Freiräume schaffen, sondern dadurch Klarheit in Ihre Räume und in Ihr Leben zieht.

> Ein Weniger an Dingen und Leere bringen Leichtigkeit und Klarheit in Ihr Leben

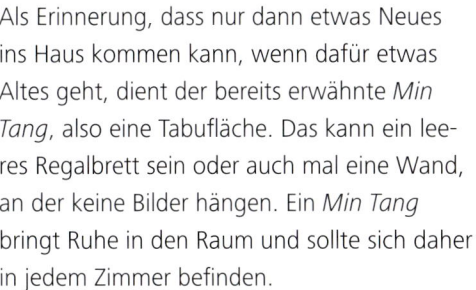

Verlagsgruppe Random House FSC® N001967

Copyright © 2016 Kösel-Verlag, München,
in der Verlagsgruppe Random House GmbH,
Neumarkter Straße 28, 81673 München
Umschlag: Weiss Werkstatt, München
Umschlagmotiv und Illustrationen: Kai Pannen,
Hamburg, www.illustrationsbuero.de
Druck und Bindung: Mohn Media GmbH, Gütersloh
Printed in Germany
ISBN 978-3-466-34629-5
www.koesel.de

 Dieses Buch ist auch als E-Book erhältlich.